卞尺丹几乙し丹卞と

Translated Language Learning

El País de los Ciegos

The Country of the Blind

H.G. Wells

Español / English

Copyright © 2023 Tranzlaty
All rights reserved.
Published by Tranzlaty
ISBN: 978-1-83566-201-4
Original text by H.G. Wells
The Country of the Blind
First published in English in 1904
www.tranzlaty.com

El País de los Ciegos
The Country of the Blind

Trescientas millas y más de Chimborazo
Three hundred miles and more from Chimborazo
a cien millas de las nieves del Cotopaxi
one hundred miles from the snows of Cotopaxi
en los páramos más salvajes de los Andes ecuatorianos
in the wildest wastes of Ecuador's Andes
aislado de todo el mundo de los hombres
cut off from all the world of men
Allí se encuentra el misterioso valle de montaña
there lies the mysterious mountain valley
el país de los ciegos
the Country of the Blind
Hace muchos años, ese valle estaba abierto al mundo
Long years ago, that valley was open to the world
Los hombres atravesaron gargantas espantosas y sobre un paso helado
men came through frightful gorges and over an icy pass
Desde allí podían adentrarse en los prados ecuánimes del valle
from there they could get into the valley's equable meadows
Y los hombres ciertamente vinieron al valle de esta manera.
and men did indeed come to the valley this way
algunas familias de mestizos peruanos vinieron
some families of Peruvian half-breeds came
huían de la tiranía de un malvado gobernante español
they were fleeing from the tyranny of an evil Spanish ruler
Luego vino el estupendo brote de Mindobamba

Then came the stupendous outbreak of Mindobamba
fue de noche en Quito durante diecisiete días
it was night in Quito for seventeen days
y el agua estaba hirviendo en Yaguachi
and the water was boiling at Yaguachi
los peces se estaban muriendo hasta Guayaquil
the fish were dying as far as Guayaquil
en todas partes a lo largo de las laderas del Pacífico había deslizamientos de tierra
everywhere along the Pacific slopes there were landslips
y hubo rápidos deshielos e inundaciones repentinas
and there was swift thawings and sudden floods
un lado entero de la antigua cresta de Arauca se deslizó
one whole side of the old Arauca crest slipped
Todo se vino abajo en un momento atronador
it all came down in a thunderous moment
esto cortó el acceso al País de los Ciegos para siempre
this cut off access to the Country of the Blind for ever
Los pies exploradores de los hombres ya no se preguntaban de esa manera
the exploring feet of men wondered that way no more
Pero uno de estos primeros colonos estaba cerca.
But one of these early settlers happened to be close by
Estaba al otro lado de las gargantas ese día.
he was on the other side of the gorges that day
el día en que el mundo se había sacudido tan terriblemente a sí mismo
the day that the world had so terribly shaken itself
Tuvo que olvidar a su esposa y a sus hijos
he had to forget his wife and his children
y tuvo que olvidar a todos sus amigos y posesiones
and he had to forget all his friends and possessions

y tuvo que empezar la vida de nuevo
and he had to start life over again
Una nueva vida en el mundo inferior
a new life in the lower world
pero la enfermedad y la ceguera se apoderaron de él
but illness and blindness took hold of him
y murió de castigo en las minas
and he died of punishment in the mines
Pero la historia que contó engendró una leyenda
but the story he told begot a legend
Una leyenda que perdura hasta nuestros días
a legend that lingers to this day
y recorre la longitud de los Andes
and it travels the length of Andes
Habló de su razón para aventurarse a regresar de esa firmeza.
He told of his reason for venturing back from that fastness
el lugar al que había sido llevado
the place into which he had been carried
Había sido llevado a ese lugar cuando era niño.
he had been taken to that place as a child
atado a una llama, junto a una gran paca de equipo
lashed to a llama, beside a vast bale of gear
Dijo que el valle tenía todo lo que el corazón del hombre podía desear.
He said the valley had all that the heart of man could desire
agua dulce, pastos, un clima uniforme
sweet water, pasture, an even climate
laderas de suelo marrón rico y enredos de un arbusto
slopes of rich brown soil and tangles of a shrub
Habló de arbustos que daban un excelente fruto.

he spoke of bushes that bore an excellent fruit
A un lado había grandes bosques colgantes de pinos
on one side there were great hanging forests of pine
El pino había mantenido las avalanchas altas
the pine had held the avalanches high
Muy por encima, en tres lados, había vastos acantilados
Far overhead, on three sides, there were vast cliffs
Eran de una roca gris-verde
they were of a grey-green rock
y en la parte superior había casquetes de hielo
and at the top there were caps of ice
Pero la corriente glaciar no vino a ellos
but the glacier stream came not to them
fluyó por las laderas más lejanas
it flowed away by the farther slopes
Y solo de vez en cuando caían enormes masas de hielo
and only now and then huge ice masses fell
En este valle no llovió ni nevó
In this valley it neither rained nor snowed
pero los abundantes manantiales daban un rico pasto verde
but the abundant springs gave a rich green pasture
Su riego se extendió por todo el espacio del valle
their irrigation spread over all the valley space
A los colonos les fue bien
The settlers there did well indeed
Sus bestias lo hicieron bien y se multiplicaron
Their beasts did well and multiplied
Solo una cosa estropeó su felicidad
only one thing marred their happiness
Y fue suficiente para estropear enormemente su felicidad.

And it was enough to mar their happiness greatly
Una extraña enfermedad había venido sobre ellos
A strange disease had come upon them
Dejó ciegos a todos sus hijos
it made all their children blind
Fue enviado a buscar algún amuleto o antídoto
He was sent to find some charm or antidote
Una cura contra esta plaga de ceguera
a cure against this plague of blindness
Así que regresó por el desfiladero
so he returned down the gorge
pero no sin fatiga, peligro y dificultad.
but not without fatigue, danger, and difficulty
En aquellos días, los hombres no pensaban en los gérmenes.
In those days men did not think of germs
El pecado explicó por qué había sucedido esto
sin explained why this had happened
Esto es lo que él también pensó
this is what he thought too
Había una causa para esta aflicción
there was a cause for this affliction
Los inmigrantes habían estado sin sacerdote
the immigrants had been without a priest
No habían logrado establecer un santuario
they had failed to set up a shrine
Esto debería haber sido lo primero que hicieron
this should have been the first thing they did
Quería construir un santuario
He wanted to build a shrine
Un santuario guapo, barato y eficaz
a handsome, cheap, effectual shrine
Quería que se erigiera en el valle

he wanted it to be erected in the valley
Quería reliquias y cosas por el estilo.
he wanted relics and such-like
Él quería cosas potentes de fe
he wanted potent things of faith
Quería objetos bendecidos y medallas misteriosas
he wanted blessed objects and mysterious medals
y sintió que necesitaban oraciones
and he felt they needed prayers
En su billetera tenía una barra de plata
In his wallet he had a bar of silver
Pero no dijo desde dónde estaba
but he would not say from where it was
Insistió en que no había plata en el valle.
he insisted there was no silver in the valley
y tenía la insistencia de un mentiroso inexperto
and he had the insistence of an inexpert liar
Habían recogido su dinero y adornos.
They had collected their money and ornaments
Dijo que tenían poca necesidad de tal tesoro.
he said they had little need for such treasure
Les dijo que les compraría la santa ayuda.
he told them he would buy them holy help
a pesar de que esto iba en contra de su voluntad
even though this was against their will
Estaba quemado por el sol, demacrado y ansioso
he was sunburnt, gaunt, and anxious
No estaba acostumbrado a los caminos del mundo inferior.
he was unused to the ways of the lower world
Agarrando su sombrero febrilmente, contó su historia
clutching his hat feverishly he told his story
Le contó su historia a un sacerdote de ojos agudos

he told his story to some keen-eyed priest
Aseguró algunos remedios sagrados
he secured some holy remedies
Agua bendita, estatuas, cruces y libros de oraciones
blessed water, statues, crosses and prayer books
y buscó regresar y salvar a su pueblo
and he sought to return and save his people
Llegó al lugar donde había estado el desfiladero.
he came to the where the gorge had been
Pero frente a él había una masa de piedra caída
but in front of him was a mass of fallen stone
Imagina su infinita consternación
imagine his infinite dismay
Había sido expulsado por la naturaleza de su tierra
he had been expelled by nature from his land
Pero el resto de su historia de desgracias se pierde
But the rest of his story of mischances is lost
Todo lo que sabemos es su malvada muerte después de varios años.
all we know of is his evil death after several years
¡Un pobre alejado de esa lejanía!
a poor stray from that remoteness!
El arroyo que una vez había hecho el desfiladero se desvió
The stream that had once made the gorge diverted
Ahora estalla desde la boca de una cueva rocosa
now it bursts from the mouth of a rocky cave
y la leyenda de su historia cobró vida propia
and the legend of his story took on its own life
Se convirtió en la leyenda que todavía se puede escuchar hoy en día.
it developed into the legend one may still hear today
Una raza de ciegos "en algún lugar de allá"

a race of blind men "somewhere over there"
La pequeña población ahora estaba aislada
the little population was now isolated
El valle fue olvidado por el mundo exterior
the valley was forgotten by the outside world
y su enfermedad siguió su curso
and their disease ran its course
Los viejos tuvieron que andar a tientas para encontrar su camino
The old had to grope to find their way
Los jóvenes podían ver un poco, pero vagamente
the young could see a little, but dimly
y los recién nacidos nunca vieron en absoluto
and the newborns never saw at all
Pero la vida era muy fácil en el valle
But life was very easy in the valley
No había espinas ni brezos
there were neither thorns nor briars
No había insectos malignos en la tierra
there were no evil insects in the land
y no había bestias peligrosas
and there were no dangerous beasts
Una suave raza de llamas pastaba en el valle
a gentle breed of llamas grazed the valley
Aquellos que podían ver se habían vuelto ciegos gradualmente
those that could see had become purblind gradually
Así que su pérdida apenas se notó.
so their loss was scarcely noticed
Los ancianos guiaron a los jóvenes ciegos
The elders guided the sightless youngsters
Y los jóvenes pronto conocieron todo el valle maravillosamente.

and the young soon knew the whole valley marvellously
Incluso cuando la última vista se extinguió, la raza sobrevivió.
even when the last sight died out, the race lived on
Había habido tiempo suficiente para adaptarse
There had been enough time to adapt
Aprendieron el control del fuego
they learned the control of fire
Lo pusieron cuidadosamente en estufas de piedra.
they carefully put it in stoves of stone
Al principio eran una simple cepa de personas
at first they were a simple strain of people
Nunca habían tenido libros o escritura
they had never had books or writing
y solo fueron ligeramente tocados por la civilización española
and they were only slightly touched by Spanish civilisation
aunque tenían algunas de las tradiciones y artes peruanas
although they had some of the Peruvian traditions and arts
Y mantuvieron vivas algunas de esas filosofías.
and they kept some of those philosophies alive
Generación tras generación
Generation followed generation
Olvidaron muchas cosas del mundo
They forgot many things from the world
Pero también idearon muchas cosas nuevas.
but they also devised many new things
El mundo más grande del que vinieron se volvió mítico
the greater world they came from became mythical
Los colores y los detalles eran inciertos

colours and details were uncertain
y la referencia a la vista se convirtió en una metáfora
and reference to sight became a metaphor
En todas las cosas, aparte de la vista, eran fuertes y capaces.
In all things apart from sight they were strong and able
Ocasionalmente les nacía uno con una mente original.
occasionally one with an original mind was born to them
Alguien que pudiera hablar y persuadir
someone who could talk and persuade
Estos fallecieron, dejando sus efectos
These passed away, leaving their effects
y la pequeña comunidad creció en número
and the little community grew in numbers
y su comprensión de su mundo creció
and their understanding of their world grew
y resolvieron los problemas sociales y económicos que surgieron
and they settled social and economic problems that arose
Generaciones siguieron a más generaciones
Generations followed more generations
Quince generaciones habían pasado desde que ese antepasado se fue.
fifteen generations had passed since that ancestor left
El antepasado que tomó la barra de plata
the ancestor who took the bar of silver
el antepasado que fue a buscar la ayuda de Dios
the ancestor who went to find God's aid
El antepasado que nunca regresó al valle
the ancestor who never returned to the valley
Pero quince generaciones más tarde llegó un nuevo hombre.
but fifteen generations later a new man came

Un hombre del mundo exterior
a man from the outside world
Un hombre que encontró por casualidad el Valle de los Ciegos
a man who happened to find the valley of the blind
Esta es la historia de ese hombre
this is the story of that man

Era un montañista del campo cercano a Quito
He was a mountaineer from the country near Quito
Un hombre que había bajado al mar
a man who had been down to the sea
Un hombre que había visto el mundo
a man who had seen the world
Un lector de libros de forma original
a reader of books in an original way
Un hombre agudo y emprendedor
an acute and enterprising man
había sido contratado por un grupo de ingleses.
he had been taken on by a party of Englishmen
habían salido a Ecuador a escalar montañas
they had come out to Ecuador to climb mountains
Reemplazó a uno de sus guías que había caído enfermo.
he replaced one of their guides who had fallen ill
Había escalado muchas montañas del mundo.
He had climbed many mountains of the world
y luego vino el intento en el Montc Parascotopetl
and then came the attempt at Mount Parascotopetl
este era el Cervino de los Andes
this was the Matterhorn of the Andes
Aquí se perdió en el mundo exterior
here he was lost to the outer world

La historia de ese accidente ha sido escrita una docena de veces
The story of that accident has been written a dozen times
La narrativa de Pointer es el mejor relato de los acontecimientos
Pointer's narrative is the best account of events
Habla del pequeño grupo de montañeros
He tells about the small group of mountaineers
Describe su difícil y casi vertical camino hacia arriba
he describes their difficult and almost vertical way up
al pie del último y más grande precipicio
to the very foot of the last and greatest precipice
Su relato cuenta cómo construyeron un refugio nocturno
his account tells of how they built a night shelter
en medio de la nieve sobre una pequeña plataforma de roca
amidst the snow upon a little shelf of rock
Cuenta la historia con un toque de verdadero poder dramático
he tells the story with a touch of real dramatic power
Núñez se había ido de ellos en la noche
Nunez had gone from them in the night
Gritaron, pero no hubo respuesta
They shouted, but there was no reply
y durante el resto de esa noche no durmieron más.
and for the rest of that night they slept no more
Al amanecer vieron las huellas de su caída.
As the morning broke they saw the traces of his fall
Parece imposible que pudiera haber emitido un sonido.
It seems impossible he could have uttered a sound
Se había deslizado hacia el este

He had slipped eastward
hacia el lado desconocido de la montaña
towards the unknown side of the mountain
Muy por debajo había golpeado una empinada pendiente de nieve
far below he had struck a steep slope of snow
y debe haber caído todo el camino hacia abajo
and he must have tumbled all the way down it
en medio de una avalancha de nieve
in the midst of a snow avalanche
Su pista fue directamente al borde de un espantoso precipicio
His track went straight to the edge of a frightful precipice
y más allá de eso todo estaba oculto
and beyond that everything was hidden
Muy abajo, y brumosos con la distancia, podían ver árboles elevándose.
Far below, and hazy with distance, they could see trees rising
Fuera de un valle estrecho y cerrado
out of a narrow, shut-in valley
el país perdido de los ciegos
the lost Country of the Blind
Pero no sabían que era el País de los Ciegos
But they did not know it was the Country of the Blind
No podían distinguirlo de ningún otro valle estrecho.
they could not distinguish it from any other narrow valley
Desconcertados por este desastre, abandonaron su intento
Unnerved by this disaster, they abandoned their attempt
y Pointer fue llamado a la guerra

and Pointer was called away to the war
Más tarde hizo otro intento en la montaña.
later he did make another attempt at the mountain
Hasta el día de hoy Parascotopetl levanta una cresta invicta
To this day Parascotopetl lifts an unconquered crest
y el refugio de Pointer se desmorona sin ser visitado, en medio de las nieves
and Pointer's shelter crumbles unvisited, amidst the snows
Y el hombre que cayó sobrevivió...
And the man who fell survived...

Al final de la pendiente cayó mil pies
At the end of the slope he fell a thousand feet
Bajó en medio de una nube de nieve
he came down in the midst of a cloud of snow
Aterrizó en una pendiente de nieve aún más empinada que la de arriba.
he landed on a snow-slope even steeper than the one above
Por esta pendiente fue arremolinado
Down this slope he was whirled
La caída lo sorprendió y perdió el conocimiento
the fall stunned him and he lost consciousness
pero ni un hueso de su cuerpo se rompió
but not a bone in his body was broken
Finalmente, cayó por las pendientes más suaves
finally, he fell down the gentler slopes
y por fin se quedó quieto
and at last he laid still
Fue enterrado en medio de un montón de nieve blanca que se ablandaba.

he was buried amidst a softening heap of the white snow
la nieve que lo había acompañado y salvado
the snow that had accompanied and saved him
Volvió en sí mismo con una vaga fantasía de que estaba enfermo en la cama.
He came to himself with a dim fancy that he was ill in bed
Entonces se dio cuenta de lo que había sucedido.
then he realized what had happened
Con la inteligencia de un montañero trabajó suelto
with a mountaineer's intelligence he worked himself loose
Desde la nieve vio las estrellas
from the snow he saw the stars
Descansó sobre su pecho
He rested flat upon his chest
Se preguntaba dónde estaba.
he wondered where he was
y se preguntó qué le había sucedido
and he wondered what had happened to him
Exploró sus extremidades para verificar si había daños.
He explored his limbs to check for damage
Descubrió que varios de sus botones habían desaparecido
he discovered that several of his buttons were gone
y su abrigo fue volteado sobre su cabeza
and his coat was turned over his head
Su cuchillo había salido de su bolsillo
His knife had gone from his pocket
y su sombrero también se perdió
and his hat was lost too
a pesar de que lo había atado debajo de la barbilla
even though he had tied it under his chin

Recordó que había estado buscando piedras sueltas.
He recalled that he had been looking for loose stones
Quería levantar su parte del muro del refugio
he wanted to raise his part of the shelter wall
Se dio cuenta de que debía haber caído
He realized he must have fallen
y levantó la vista para ver qué tan lejos había caído
and he looked up to see how far he had fallen
El acantilado fue exagerado por la espantosa luz de la luna naciente
the cliff was exaggerated by the ghastly light of the rising moon
La caída que había tenido fue tremenda.
the fall he had taken was tremendous
Durante un rato permaneció acostado sin moverse
For a while he lay without moving
Miró fijamente el vasto y pálido acantilado
he gazed blankly at the vast, pale cliff
La montaña se elevaba sobre él
the mountain towered above him
Cada momento parecía que seguía subiendo
each moment it looked like it kept rising
surgiendo de una marea de oscuridad menguante
rising out of a subsiding tide of darkness
Su belleza fantasmal y misteriosa lo sostenía
Its phantasmal, mysterious beauty held him
y luego fue presa de una risa sollozante
and then he was seized with sobbing laughter
Después de un gran intervalo de tiempo se hizo más consciente
After a great interval of time he became more aware
Estaba acostado cerca del borde inferior de la nieve
he was laying near the lower edge of the snow

Debajo de él, la pendiente parecía menos empinada
Below him the slope looked less steep
Vio la apariencia oscura y rota del césped cubierto de rocas
he saw the dark and broken appearance of rock-strewn turf
Luchó hasta ponerse de pie, doliendo en cada articulación
He struggled to his feet, aching in every joint
Bajó dolorosamente de la nieve suelta amontonada
he got down painfully from the heaped loose snow
y bajó hasta que estuvo en el césped
and he went downward until he was on the turf
Allí cayó junto a una roca
there he dropped beside a boulder
Bebió del frasco en su bolsillo interior
he drank from the flask in his inner pocket
y al instante se durmió
and he instantly fell asleep

Fue despertado por el canto de los pájaros
He was awakened by the singing of birds
Estaban en los árboles muy por debajo
they were in the trees far below
Se sentó y percibió que estaba en un pequeño alp.
He sat up and perceived he was on a little alp
al pie de un vasto precipicio
at the foot of a vast precipice
Un precipicio que se inclinó solo un poco en el barranco
a precipice that sloped only a little in the gully
El camino por el que él y su nieve habían llegado
the path down which he and his snow had come

Contra él otra pared de roca se alzó contra el cielo.
against him another wall of rock reared itself against the sky
El desfiladero entre estos precipicios corría de este a oeste
The gorge between these precipices ran east and west
y estaba lleno de la luz del sol de la mañana
and it was full of the morning sunlight
La luz del sol iluminó la masa hacia el oeste de la montaña caída
the sunlight lit the westward mass of fallen mountain
Podía verlo cerrado el desfiladero descendente
he could see it closed the descending gorge
Abajo había un precipicio igualmente empinado
Below there was a precipice equally steep
Detrás de la nieve en el barranco encontró una especie de hendidura de chimenea
behind the snow in the gully he found a sort of chimney-cleft
Estaba goteando agua de nieve
it was dripping with snow-water
Un hombre desesperado podría ser capaz de aventurarse
a desperate man might be able to venture it
Le resultó más fácil de lo que parecía
He found it easier than it seemed
Y por fin llegó a otro Alpes desolado.
and at last he came to another desolate alp
Hubo una escalada en roca sin dificultad particular
there was a rock climb of no particular difficulty
y llegó a una empinada pendiente de árboles
and he reached a steep slope of trees
A partir de aquí pudo orientarse

from here he was able to get his bearings
Volvió la cara hacia el desfiladero
he turned his face up the gorge
Lo vio abierto en verdes prados
he saw it opened into green meadows
Allí vio claramente el destello de algunas chozas de piedra.
there he saw quite distinctly the glimmer of some stone huts
Aunque las chozas parecían muy extrañas
although the huts looked very strange
Incluso desde la distancia no parecían chozas normales
even from a distance they didn't look like normal huts
A veces su progreso era como trepar por la cara de una pared.
At times his progress was like clambering along the face of a wall
y después de un tiempo el sol naciente dejó de golpear a lo largo del desfiladero.
and after a time the rising sun ceased to strike along the gorge
Las voces de los pájaros cantores se apagaron
the voices of the singing birds died away
y el aire se volvió frío y oscuro
and the air grew cold and dark
Pero el valle distante con sus casas se hizo más brillante
But the distant valley with its houses got brighter
Llegó al borde de otro acantilado
He came to the edge of another cliff
Era un hombre observador
he was an observant man
Entre las rocas notó un helecho desconocido

among the rocks he noted an unfamiliar fern
Parecía agarrarse de las grietas con manos verdes intensas
it seemed to clutch out of the crevices with intense green hands
Escogió algunas de estas nuevas plantas
He picked some of these new plants
y mordió sus tallos
and he gnawed their stalks
Le dieron fuerza y energía
they gave him strength and energy

Alrededor del mediodía salió de la garganta del desfiladero.
About midday he came out of the throat of the gorge
y entró en la llanura del valle
and he came into the plain of the valley
Aquí estaba de nuevo a la luz del sol
here he was in the sunlight again
Estaba rígido y cansado
He was stiff and weary
Se sentó a la sombra de una roca
he sat down in the shadow of a rock
Llenó su matraz con agua de un manantial
he filled up his flask with water from a spring
y bebió el agua de manantial
and he drank the spring water
Permaneció donde estaba durante algún tiempo.
he remained where he was for some time
Antes de ir a las casas había decidido descansar
before going to the houses he had decided to rest
Eran muy extraños a sus ojos.
They were very strange to his eyes

Cuanto más miraba a su alrededor, más extraño parecía el valle
the more he looked around, the stranger the valley seemed
La mayor parte de su superficie era un exuberante prado verde
The greater part of its surface was lush green meadow
Fue protagonizada con muchas flores hermosas
it was starred with many beautiful flowers
Se había tenido un cuidado extraordinario para el riego
extraordinary care had been taken for the irrigation
y hubo evidencia de cultivo sistemático
and there was evidence of systematic cropping
En lo alto del valle había un muro
High up around the valley was a wall
También parecía haber un canal de agua circunferencial
there also appeared to be a circumferential water channel
Las pequeñas gotas de agua alimentaban las plantas del prado
the little trickles of water fed the meadow plants
En las laderas más altas por encima de esto había bandadas de llamas
on the higher slopes above this were flocks of llamas
Recortaron la escasa hierba
they cropped the scanty herbage
Había algunos refugios para las llamas
there were some shelters for the llamas
Habían sido construidos contra el muro fronterizo
they had been built against the boundary wall
Las corrientes de riego corrían juntas en un canal principal

The irrigation streams ran together into a main channel
Estos corrían por el centro del valle
these ran down the centre of the valley
y este estaba encerrado a ambos lados por una pared de pecho alto
and this was enclosed on either side by a wall chest high
Esto le dio una calidad urbana a este lugar aislado
This gave an urban quality to this secluded place
Varios caminos fueron pavimentados con piedras blancas y negras
a number of paths were paved with black and white stones
y los caminos tenían un extraño bordillo al lado
and the paths had a strange kerb at the side
Esto lo hizo parecer aún más urbano
this made it seem even more urban
Las casas del pueblo central no estaban dispuestas al azar
The houses of the central village were not randomly arranged
Se pararon en una fila continua
they stood in a continuous row
y estaban a ambos lados de la calle central
and they were on both sides of the central street
Aquí y allá las extrañas paredes fueron perforadas por una puerta
here and there the odd walls were pierced by a door
pero no había una sola ventana para ser vista
but there was not a single window to be seen
Estaban coloreados con extraordinaria irregularidad
They were coloured with extraordinary irregularity
Habían sido untados con una especie de yeso.
they had been smeared with a sort of plaster

A veces era gris, a veces monótono
sometimes it was grey, sometimes drab
A veces era de color pizarra
sometimes it was slate-coloured
en otras ocasiones era marrón oscuro
at other times it was dark brown
Fue el enlucido salvaje lo que primero provocó la palabra ciego.
it was the wild plastering that first elicited the word blind
"Quienquiera que haya hecho esto debe haber sido tan ciego como un murciélago"
"whoever did this must have been as blind as a bat"
pero también notable fue su asombrosa limpieza
but also notable was their astonishing cleanness
Descendió por un lugar empinado
He descended down a steep place
Y así llegó a la pared
and so he came to the wall
Este muro conducía el agua alrededor del valle
this wall led the water around the valley
y terminó cerca del fondo del pueblo
and it ended near the bottom of the village

Ahora podía ver a varios hombres y mujeres.
He could now see a number of men and women
Descansaban sobre montones de hierba apilada
they were resting on piled heaps of grass
Parecían estar tomando una siesta
they seemed to be taking a siesta
En la parte más remota había varios niños
in the remoter part there were a number of children
Y luego, más cerca de él, había tres hombres

and then, nearer to him, there were three men
Llevaban cubos a lo largo de un pequeño camino
they were carrying pails along a little path
Los caminos iban desde la muralla hacia las casas
the paths ran from the wall towards the houses
Los hombres estaban vestidos con ropas de tela de llama.
The men were clad in garments of llama cloth
y sus botas y cinturones eran de cuero
and their boots and belts were of leather
y llevaban gorras de tela
and they wore caps of cloth
Se sucedieron en una sola fila
They followed one another in single file
Bostezaron mientras caminaban lentamente
they yawned as they slowly walked
como hombres que han estado despiertos toda la noche
like men who have been up all night
Su movimiento parecía próspero y respetable.
Their movement seemed prosperous and respectable
Núñez solo dudó por un momento
Nunez only hesitated for a moment
y luego salió de detrás de su roca
and then he came out from behind his rock
Dio rienda suelta a un poderoso grito
he gave vent to a mighty shout
y su voz resonó alrededor del valle
and his voice echoed round the valley
Los tres hombres se detuvieron y movieron la cabeza
The three men stopped and moved their heads
Parecían estar mirando a su alrededor
They seemed to be looking around
Volvieron sus caras de una manera y de aquella

manera.
They turned their faces this way and that way
y Núñez gesticuló salvajemente
and Nunez gesticulated wildly
Pero no parecían verlo
But they did not appear to see him
a pesar de todos sus saludos y gestos.
despite all his waving and gestures
Finalmente se pararon hacia las montañas.
eventually they stood themselves towards the mountains
Estos estaban muy lejos a la derecha
these were far away to the right
y gritaron como si estuvieran respondiendo
and they shouted as if they were answering
Núñez volvió a llorar e hizo un gesto ineficaz.
Nunez bawled again, and he gestured ineffectually
"Los tontos deben ser ciegos", dijo.
"The fools must be blind," he said
Todos los gritos y saludos no ayudaron
all the shouting and waving didn't help
así que Núñez cruzó el arroyo por un pequeño puente
so Nunez crossed the stream by a little bridge
Entró por una puerta en la pared
he came through a gate in the wall
y se acercó a ellos directamente
and he approached them directly
Estaba seguro de que eran ciegos
he was sure that they were blind
estaba seguro de que este era el País de los Ciegos
he was sure that this was the Country of the Blind
el país del que hablaban las leyendas
the country of which the legends told

Tenía un sentido de gran aventura
he had a sense of great adventure

Los tres estaban uno al lado del otro
The three stood side by side
pero no lo miraron
but they did not look at him
sin embargo, sus oídos estaban dirigidos hacia él.
however, their ears were directed towards him
Lo juzgaron por sus pasos desconocidos
they judged him by his unfamiliar steps
Se pararon juntos, como hombres un poco asustados
They stood close together, like men a little afraid
y podía ver que sus párpados estaban cerrados y hundidos
and he could see their eyelids were closed and sunken
como si las mismas bolas debajo se hubieran encogido
as though the very balls beneath had shrunk away
Había una expresión cercana al asombro en sus rostros.
There was an expression near awe on their faces
"Un hombre", dijo uno a los demás.
"A man," one said to the others
Núñez apenas reconoció a los españoles
Nunez hardly recognized the Spanish
"Un hombre es. O es un espíritu"
"A man it is. Or it a spirit"
"Bajó de las rocas"
"he come down from the rocks"
Núñez avanzó con los pasos seguros
Nunez advanced with the confident steps
como un joven que entra en la vida
like a youth who enters upon life
Todas las viejas historias del valle perdido

All the old stories of the lost valley
todas las historias del País de los Ciegos
all the stories of the Country of the Blind
Todo vuelve a su mente
it all come back to his mind
Y a través de sus pensamientos corrió un viejo proverbio
and through his thoughts ran an old proverb
"En el país de los ciegos..."
"In the Country of the Blind..."
"... el hombre tuerto es el rey"
"...the One-Eyed Man is King"
"En el país de los ciegos, el tuerto es el rey"
"In the Country of the Blind the One-Eyed Man is King"
Muy civilmente les dio saludo
very civilly he gave them greeting
Habló con ellos y usó sus ojos
He talked to them and used his eyes
"¿De dónde viene, hermano Pedro?", preguntó uno de ellos.
"Where does he come from, brother Pedro?" asked one
"Desde fuera de las rocas"
"from out of the rocks"
"Vengo de más allá de las montañas", dijo Núñez.
"I come from over the mountains," said Nunez
"Soy del país donde los hombres pueden ver"
"I'm from the country where where men can see"
"Soy de un lugar cerca de Bogotá"
"I'm from a place near Bogota"
"Allí hay cientos de miles de personas"
"there there are hundreds of thousands of people"
"La ciudad es tan grande que se vislumbra en el horizonte"

"the city is so big it goes over the horizon"
"¿Vista?", murmuró Pedro
"Sight?" muttered Pedro
"Sale de las rocas", dijo el segundo ciego.
"He comes out of the rocks," said the second blind man
La tela de sus abrigos estaba curiosamente confeccionada.
The cloth of their coats was curiously fashioned
Cada parche era de un tipo diferente de costura
each patch was of a different sort of stitching
Lo sobresaltaron por un movimiento simultáneo hacia él.
They startled him by a simultaneous movement towards him
Cada uno de ellos tenía la mano extendida
each of them had his hand outstretched
Dio un paso atrás ante el avance de estos dedos extendidos.
He stepped back from the advance of these spread fingers
"Ven aquí", dijo el tercer ciego.
"Come hither," said the third blind man
y siguió la moción de Núñez
and he followed Nunez' motion
Rápidamente se apoderó de él
he quickly had hold of him
sostuvieron a Núñez y lo sintieron sobre
they held Nunez and felt him over
No dijeron más palabras hasta que terminaron.
they said no word further until they were done
"¡Cuidado!", exclamó, con un dedo en el ojo.
"Careful!" he exclaimed, with a finger in his eye
Habían encontrado un órgano extraño en él

they had found a strange organ on him
"Tiene la piel ondeando"
"it has fluttering skin"
"Es muy extraño de hecho"
"it is very strange indeed"
Lo revisaron de nuevo
They went over it again
"Una criatura extraña, Correa", dijo el que se llamaba Pedro.
"A strange creature, Correa," said the one called Pedro
"Siente la tosquedad de su cabello"
"Feel the coarseness of his hair"
"Es como el pelo de una llama"
"it's like a llama's hair"
"Áspero es como las rocas que lo engendraron", dijo Correa.
"Rough he is as the rocks that begot him," said Correa
e investigó la barbilla sin afeitar de Núñez
and he investigated Nunez's unshaven chin
Sus manos eran suaves y ligeramente húmedas
his hands were soft and slightly moist
"Tal vez se vuelva más fino"
"Perhaps he will grow finer"
Núñez trató de liberarse de su examen
Nunez tried to free himself from their examination
pero tenían un firme control sobre él
but they had a firm grip on him
"Cuidado", dijo de nuevo, "él habla"
"Careful," he said again "he speaks"
"Podemos estar seguros de que es un hombre"
"we can be sure that he is a man"
"¡Uf!", dijo Pedro, ante la aspereza de su abrigo.
"Ugh!" said Pedro, at the roughness of his coat

"¿Y has venido al mundo?", preguntó Pedro.
"And you have come into the world?" asked Pedro
"Vengo del mundo exterior"
"I come from the world out there"
"Vengo de montañas y glaciares"
"I come from over mountains and glaciers"
"Está a medio camino del sol"
"it is half-way to the sun"
"Fuera del gran, gran mundo que se derrumba"
"Out of the great, big world that goes down"
"Doce días de viaje al mar"
"twelve days' journey to the sea"
Apenas parecían prestarle atención.
They scarcely seemed to heed him
"Nuestros padres nos han hablado de tales cosas"
"Our fathers have told us of such things"
"los hombres pueden ser hechos por las fuerzas de la Naturaleza", dijo Correa.
"men may be made by the forces of Nature," said Correa
"Vamos a llevarlo a los ancianos", dijo Pedro
"Let us lead him to the elders," said Pedro
"Grita primero", dijo Correa.
"Shout first," said Correa
"Los niños podrían tener miedo"
"the children might be afraid"
"Esta es una ocasión maravillosa"
"This is a marvellous occasion"
Así que gritaron a los demás
So they shouted to the others
Pedro tomó a Núñez de la mano
Pedro took Nunez by the hand
y lo condujo a las casas
and he lead him to the houses

Apartó la mano
He drew his hand away
"Puedo ver", dijo.
"I can see," he said
"¿Ver?", dijo Correa.
"to see?" said Correa
"Sí, puedo ver con mis ojos", dijo Núñez.
"Yes, I can see with my eyes," said Nunez
y se volvió hacia él
and he turned towards him
pero tropezó con el cubo de Pedro
but he stumbled against Pedro's pail
"Sus sentidos todavía son imperfectos", dijo el tercer ciego.
"His senses are still imperfect," said the third blind man
"Tropieza y habla palabras sin sentido"
"He stumbles, and talks unmeaning words"
"Llévalo de la mano"
"Lead him by the hand"
"Como quieras", dijo Núñez
"As you will" said Nunez
y fue conducido a lo largo
and he was led along
Pero tuvo que reírse de la situación
but he had to laugh at the situation
Parecía que no sabían nada de la vista
it seemed they knew nothing of sight
"Les enseñaré muy pronto", pensó para sí mismo.
"I will teach them soon enough," he thought to himself

Oyó a la gente gritar
He heard people shouting
y vio una serie de figuras reunidas
and he saw a number of figures gathering together
Los vio en el camino central del pueblo.
he saw them in the middle roadway of the village
Todo eso agotó su nervio y paciencia.
all of it taxed his nerve and patience
Había más de lo que había anticipado
there were more than he had anticipated
Este fue el primer encuentro con la población
this was the first encounter with the population
la gente del País de los Ciegos
the people from the Country of the Blind
El lugar parecía más grande a medida que se acercaba a él.
The place seemed larger as he drew near to it
y los emplastos manchados se volvieron aún más extraños
and the smeared plasterings became even queerer
Una multitud de niños, hombres y mujeres lo rodearon.
a crowd of children and men and women came around him
Todos trataron de aferrarse a él
they all tried to hold on to him
Lo tocaron con sus manos suaves y sensibles
they touched him with their soft and sensitive hands
No es sorprendente que también le olieran
not surprisingly, they smelled at him too
y escucharon cada palabra que él dijo.
and they listened at every word he spoke
Algunas de las mujeres y niñas tenían caras bastante

dulces.
some of the women and girls had quite sweet faces
a pesar de que sus ojos estaban cerrados y hundidos
even though their eyes were shut and sunken
Pensó que esto haría su estancia más agradable
he thought this would make his stay more pleasant
Sin embargo, algunas de las doncellas y los niños se mantuvieron alejados.
However, some of the maidens and children kept aloof
Parecían tenerle miedo
they seemed to be afraid of him
Su voz parecía áspera y grosera junto a sus notas más suaves.
his voice seemed coarse and rude beside their softer notes
Es razonable decir que la multitud lo acosó.
it is reasonable to say the crowd mobbed him
pero sus tres guías se mantuvieron cerca de él
but his three guides kept close to him
Habían tomado algo de orgullo y propiedad de él
they had taken some pride and ownership in him
una y otra vez decían: "Un hombre salvaje fuera de las rocas".
again and again they said, "A wild man out of the rocks"
"Bogotá", dijo, "sobre las crestas de las montañas"
"Bogota," he said, "Over the mountain crests"
"Un hombre salvaje usando palabras salvajes", dijo Pedro
"A wild man using wild words," said Pedro
"¿Escuchaste eso, Bogotá?"
"Did you hear that, Bogota?"
"Su mente apenas se ha formado todavía"
"His mind has hardly formed yet"

"Él sólo tiene los comienzos del habla"
"He has only the beginnings of speech"
Un niño pequeño se mordió la mano
A little boy nipped his hand
"¡Bogotá!", dijo burlonamente.
"Bogota!" he said mockingly
"¡Sí! Una ciudad para tu pueblo"
"Aye! A city to your village"
"Vengo del gran mundo"
"I come from the great world"
"El mundo donde los hombres tienen ojos y ven"
"the world where men have eyes and see"
"Su nombre es Bogotá", dijeron.
"His name's Bogota," they said
"Tropezó", dijo Correa
"He stumbled," said Correa
"Tropezó dos veces cuando llegamos aquí"
"he stumbled twice as we came hither"
"Tráelo a los ancianos"
"bring him in to the elders"
Y lo empujaron a través de una puerta
And they thrust him through a doorway

Se encontró en una habitación tan negra como la brea.
he found himself in a room as black as pitch
pero lentamente sus ojos se ajustaron a la oscuridad
but slowly his eyes adjusted to the darkness
En el otro extremo, un fuego brillaba débilmente
at the far end a fire faintly glowed
La multitud se acercó detrás de él
The crowd closed in behind him
y apagan cualquier luz que pudiera haber venido del exterior

and they shut out any light that could have come from outside
Antes de que pudiera detenerse, había caído
before he could stop himself he had fallen
Cayó justo en el regazo de un hombre sentado
he fell right into the lap of a seated man
y su brazo golpeó la cara de otra persona
and his arm struck the face of someone else
Sintió el suave impacto de las características
he felt the soft impact of features
y oyó un grito de ira
and he heard a cry of anger
Por un momento luchó contra varias manos.
for a moment he struggled against a number of hands
Todos ellos lo estaban agarrando
all of them were clutching him
Pero fue una lucha unilateral
but it was a one-sided fight
Un indicio de la situación vino a él
An inkling of the situation came to him
y decidió quedarse callado
and he decided to lay quiet
"Me caí", dijo.
"I fell down," he said
"No podía ver en esta oscuridad total"
"I couldn't see in this pitchy darkness"
Hubo una pausa en lo que había dicho.
There was a pause at what he had said
Sentía personas invisibles tratando de entender sus palabras.
he felt unseen persons trying to understand his words
Entonces escuchó la voz de Correa
Then he heard the voice of Correa

"Él no es más que recién formado"
"He is but newly formed"
"Tropieza mientras camina"
"He stumbles as he walks"
"Y su discurso mezcla palabras que no significan nada"
"and his speech mingles words that mean nothing"
Otros también dijeron cosas sobre él.
Others also said things about him
Todos confirmaron que no podían entenderlo perfectamente.
they all confirmed they could not perfectly understand him
"¿Puedo sentarme?", preguntó durante una pausa.
"May I sit up?" he asked during a pause
"No lucharé contra ti otra vez"
"I will not struggle against you again"
Los ancianos consultaron y lo dejaron levantarse
the elders consulted, and let him rise
La voz de un hombre mayor comenzó a cuestionarlo.
The voice of an older man began to question him
Una vez más, Núñez se encontró tratando de explicar el mundo.
again, Nunez found himself trying to explain the world
el gran mundo del que había caído
the great world out of which he had fallen
Les habló del cielo y las montañas.
he told them of the sky and mountains
y trató de transmitir otras maravillas semejantes.
and he tried to convey other such marvels
Pero los ancianos se sentaron en la oscuridad
but the elders sat in darkness
y no conocían el País de los Ciegos
and they did not know of the Country of the Blind

Si tan solo pudiera mostrar a estos ancianos
if only he could show these elders
pero no creyeron ni entendieron nada
but they believed and understood nothing
Todo lo que les dijo creó confusión
whatever he told them created confusion
Todo estaba bastante fuera de sus expectativas.
it was all quite outside his expectations
No entendieron muchas de sus palabras
They did not understand many of his words

Durante generaciones, estas personas habían sido ciegas.
For generations these people had been blind
y habían sido separados de todo el mundo que veía.
and they had been cut off from all the seeing world
Los nombres de todas las cosas de la vista se habían desvanecido y cambiado
the names for all the things of sight had faded and changed
La historia del mundo exterior se había convertido en una historia
the story of the outer world had become a story
Su mundo era solo algo que la gente les decía a sus hijos.
his world was just something people told their children
y habían dejado de preocuparse por ella
and they had ceased to concern themselves with it
Lo único de interés estaba dentro de las laderas rocosas
the only thing of interest was inside the rocky slopes
Vivían solo en su muro circular
they lived only in their circling wall
Hombres ciegos de genio habían surgido entre ellos

Blind men of genius had arisen among them
Habían cuestionado las viejas creencias y tradiciones.
they had questioned the old believes and traditions
Y habían descartado todas estas cosas como fantasías ociosas.
and they had dismissed all these things as idle fancies
Los reemplazaron con explicaciones nuevas y más sensatas.
they replaced them with new and saner explanations
Gran parte de su imaginación se había marchitado con sus ojos.
Much of their imagination had shrivelled with their eyes
Sus orejas y yemas de los dedos se habían vuelto cada vez más sensibles.
their ears and finger-tips had gotten ever more sensitive
y con ellos se habían hecho nuevas imaginaciones
and with these they had made themselves new imaginations

Poco a poco, Núñez se dio cuenta de la situación en la que se encontraba.
Slowly Nunez realised the situation he was in
No podía esperar ninguna reverencia por su origen.
he could not expect any reverence for his origin
Sus dones no eran tan útiles como él pensaba.
his gifts were not as useful as he thought
Explicar la vista no iba a ser fácil
explaining sight was not going to be easy
Sus intentos habían sido bastante incoherentes.
his attempts had been quite incoherent
Estaba desinflado de su emoción inicial
he was deflated from his initial excitement
y se calmó en escuchar sus instrucciones.

and he subsided into listening to their instruction
El mayor de los ciegos le explicó la vida
the eldest of the blind men explained to him life
Le explicó filosofía y religión
he explained to him philosophy and religion
Describió los orígenes del mundo
he described the origins of the world
(con esto, por supuesto, se refería al valle)
(by this of course he meant the valley)
Primero había sido un hueco vacío en las rocas.
first it had been an empty hollow in the rocks
Primero vinieron las cosas inanimadas sin el don del tacto
first came inanimate things without the gift of touch
Luego vinieron las llamas y otras criaturas de poco sentido.
then came llamas and other creatures of little sense
Cuando todo había sido puesto en su lugar, los hombres vinieron
when all had been put in place, men came
y finalmente los ángeles vinieron al mundo
and finally angels came to the world
Uno podía escuchar a los ángeles cantando y haciendo sonidos de aleteo.
one could hear the angels singing and making fluttering sounds
pero era imposible tocarlos
but it was impossible to touch them
esta explicación primero desconcertó enormemente a Núñez.
this explanation first puzzled Nunez greatly
Pero luego pensó en los pájaros.
but then he thought of the birds

Continuó diciéndole a Núñez cómo se había dividido el tiempo.
He went on to tell Nunez how time had been divided
Hubo el tiempo cálido y el tiempo frío
there was the warm time and the cold time
Por supuesto, estos son los equivalentes ciegos del día y la noche.
of course these are the blind equivalents of day and night
Contó cómo era bueno dormir en el calor
he told how it was good to sleep in the warm
Explicó cómo era mejor trabajar durante el frío
he explained how it was better to work during the cold
Normalmente, toda la ciudad de los ciegos ahora habría estado dormida.
normally the whole town of the blind would now have been asleep
pero este evento especial los mantuvo despiertos
but this special event kept them up
Dijo que Núñez debe haber sido creado especialmente para aprender
He said Nunez must have been specially created to learn
y él estaba allí para servir a la sabiduría que habían adquirido.
and he was there to serve the wisdom they had acquired
Su incoherencia mental fue ignorada, por el momento.
his mental incoherency was ignored, for the time being
y fue perdonado por su comportamiento de tropiezo
and he was forgiven for his stumbling behaviour
Se le dijo que tuviera valor en este mundo
he was told to have courage in this world
y se le dijo que hiciera todo lo posible para aprender
and he was told to do his best to learn

Todas las personas en la puerta murmuraron alentadoramente
all the people in the doorway murmured encouragingly
Dijo que la noche había quedado muy lejos.
He said the night was far gone
(los ciegos llaman a su día noche)
(the blind call their day night)
Así que animó a todos a volver a dormir.
so he encouraged everyone to go back to sleep

Le preguntó a Núñez si sabía dormir.
He asked Nunez if he knew how to sleep
Núñez dijo que sí sabía dormir
Nunez said he did know how to sleep
pero que antes de dormir quería comida
but that before sleep he wanted food
Le trajeron algo de su comida
They brought him some of their food
Leche de llama en un tazón y pan salado áspero
llama's milk in a bowl and rough salted bread
y lo llevaron a un lugar solitario
and they led him into a lonely place
para que pudiera comer fuera de su audición
so that he could eat out of their hearing
Después se le permitió dormir
afterwards he was allowed to slumber
hasta que el frío de la noche de montaña los despertó
until the chill of the mountain evening roused them
y luego comenzarían su día de nuevo.
and then they would begin their day again
Pero Núñez no dormía en absoluto
But Nunez slumbered not at all
En cambio, se sentó en el lugar donde lo habían

dejado.
Instead, he sat up in the place where they had left him
Descansó sus extremidades, todavía dolorido por la caída
he rested his limbs, still sore from the fall
y le dio la vuelta a todo una y otra vez en su mente
and he turned everything over and over in his mind
Las circunstancias imprevistas de su llegada
the unanticipated circumstances of his arrival
De vez en cuando se reía
Every now and then he laughed
a veces con diversión, y a veces con indignación
sometimes with amusement, and sometimes with indignation
"¡Mente no formada!", dijo, "¡Todavía no tengo sentidos!"
"Unformed mind!" he said, "Got no senses yet!"
"¡Poco saben lo que están diciendo!"
"little do they know what they're saying!"
"han estado insultando a su Rey y maestro enviado por el Cielo"
"they've been insulting their Heaven-sent King and master"
"Veo que debo hacerlos entrar en razón"
"I see I must bring them to reason"
"Déjame pensar en esto ..."
"Let me think about this..."
Todavía estaba pensando cuando se puso el sol.
He was still thinking when the sun set

Núñez tenía buen ojo para todas las cosas bellas
Nunez had an eye for all beautiful things
Vio el resplandor sobre los campos de nieve y los glaciares.
he saw the glow upon the snow-fields and glaciers
en las montañas que se elevaban alrededor del valle por todos lados
on the mountains that rose about the valley on every side
Era la cosa más hermosa que había visto en su vida.
it was the most beautiful thing he had ever seen
Sus ojos se dirigieron sobre la gloria inaccesible del pueblo
His eyes went over the inaccessible glory to the village
Miró por encima de los campos de regadío que se hundían en el crepúsculo
he looked over irrigated fields sinking into the twilight
De repente, una ola de emoción lo golpeó.
suddenly a wave of emotion hit him
agradeció a Dios desde el fondo de su corazón
he thanked God from the bottom of his heart
"Gracias por el poder de la vista que me has dado"
"thank you for the power of sight you have given me"

Oyó una voz que lo llamaba
He heard a voice calling to him
Venía del pueblo
it was coming from the village
"¡Ahoi-hoi, Bogotá! ¡Ven aquí!"
"ahoi-hoi, Bogota! Come hither!"
En eso se puso de pie, sonriendo
At that he stood up, smiling
¡Él mostraría a estas personas de una vez por todas!

He would show these people once and for all!
"¡Aprenderán lo que la vista puede hacer por un hombre!"
"they will learn what sight can do for a man!"
"Haré que me busquen"
"I shall make them seek me"
"pero no podrán encontrarme"
"but they shall not be able to find me"
"No te muevas, Bogotá", dijo la voz
"You move not, Bogota," said the voice
Ante esto se rió, sin hacer ruido.
at this he laughed, without making a noise
Dio dos pasos sigilosos desde el camino
he made two stealthy steps from the path
"No pisotees la hierba, Bogotá"
"Trample not on the grass, Bogota"
"No se permite salirse del camino"
"wondering off the path is not allowed"
Núñez apenas había escuchado el sonido que él mismo hizo.
Nunez had scarcely heard the sound he made himself
Se detuvo donde estaba, asombrado
He stopped where he was, amazed
El dueño de la voz vino corriendo por el camino
the owner of the voice came running up the path
y dio un paso atrás en el camino
and he stepped back into the pathway
"Aquí estoy", dijo.
"Here I am," he said
el ciego no estaba impresionado con las travesuras de Núñez
the blind man was not impressed with Nunez's antics
"¿Por qué no viniste cuando te llamé?"

"Why did you not come when I called you?"
"¿Debes ser guiado como un niño?"
"Must you be led like a child?"
"¿No puedes escuchar el camino mientras caminas?"
"Cannot you hear the path as you walk?"
Núñez se rió de las ridículas preguntas
Nunez laughed at the ridiculous questions
"Puedo verlo", dijo.
"I can see it," he said
El ciego hizo una pausa por un momento
the blind man paused for a moment
"No hay tal palabra como ver"
"There is no such word as see"
"Cesa esta locura y sigue el sonido de mis pies"
"Cease this folly and follow the sound of my feet"
Núñez siguió al ciego, un poco molesto
Nunez followed the blind man, a little annoyed
"Mi tiempo llegará", se dijo a sí mismo.
"My time will come," he said to himself
"Aprenderás", respondió el ciego.
"You'll learn," the blind man answered
"Hay mucho que aprender en el mundo"
"There is much to learn in the world"
"¿Nadie te lo ha dicho?", preguntó Núñez.
"Has no one told you?" asked Nunez
"En el país de los ciegos, el tuerto es el rey"
"In the Country of the Blind the One-Eyed Man is King"
"¿Qué es ciego?", preguntó el ciego, sobre su hombro.
"What is blind?" asked the blind man, over his shoulder

Para entonces habían pasado cuatro días
by now four days had passed
Incluso en el quinto día nada había cambiado
even on the fifth day nothing had changed
el Rey de los Ciegos seguía de incógnito
the King of the Blind was still incognito
Todavía era un extraño torpe e inútil entre sus súbditos.
he was still a clumsy and useless stranger among his subjects
Lo encontró todo mucho más difícil de lo que pensaba.
he found it all much more difficult than he thought
¿Cómo podría proclamarse rey a estas personas ciegas?
how could he proclaim himself king to these blind people??
Se le dejó meditar su golpe de Estado
he was left to meditated his coup d'etat
Mientras tanto, hizo lo que le dijeron
in the meantime he did what he was told
aprendió los modales y costumbres del País de los Ciegos
he learnt the manners and customs of the Country of the Blind
Trabajar de noche le resultaba particularmente molesto
working at night he found particularly irksome
Esto iba a ser lo primero que cambiara
this was going to be the first thing he changed
Llevaban una vida sencilla y laboriosa
They led a simple and laborious life
pero tenían todos los elementos de virtud y felicidad.
but they had all the elements of virtue and happiness
Trabajaron duro, pero no opresivamente
They toiled, but not oppressively

Tenían comida y ropa suficientes para sus necesidades
they had food and clothing sufficient for their needs
Tenían días y temporadas de descanso
they had days and seasons of rest
Disfrutaban de la música y el canto
they enjoyed music and singing
Había amor entre ellos
there was love among them
y había niños pequeños
and there were little children
Fue maravilloso ver su confianza y precisión
It was marvellous to see their confidence and precision
Recorrieron su mundo ordenado de manera eficiente
they went about their ordered world efficiently
Todo había sido hecho para satisfacer sus necesidades
Everything had been made to fit their needs
Cada camino tenía un ángulo constante con respecto al otro
each paths had a constant angle to the other
Cada bordillo se distinguía por una muesca especial
each kerb was distinguished by a special notch
Todos los obstáculos e irregularidades habían sido eliminados
all obstacles and irregularities had been cleared away
Todos sus métodos surgieron naturalmente de sus necesidades especiales.
all their methods arose naturally from their special needs
y sus procedimientos tenían sentido para sus habilidades
and their procedures made sense to their abilities
Sus sentidos se habían vuelto maravillosamente agudos.
their senses had become marvellously acute

Podían oír y juzgar el más mínimo gesto
they could hear and judge the slightest gesture
incluso si el hombre estaba a una docena de pasos de distancia
even if the man was a dozen paces away
Podían oír el latido de su corazón.
they could hear the very beating of his heart
La entonación y el tacto habían reemplazado durante mucho tiempo la expresión y el gesto.
Intonation and touch had long replaced expression and gesture
Eran útiles con la azada y la pala
they were handy with the hoe and spade
y se movían tan libres y confiados como cualquier jardinero
and they moved as free and confident as any gardener
Su sentido del olfato era extraordinariamente fino
Their sense of smell was extraordinarily fine
Podrían distinguir las diferencias individuales tan rápido como un perro puede
they could distinguish individual differences as quickly as a dog can
y se dedicaron al cuidado de las llamas con facilidad y confianza.
and they went about the tending of llamas with ease and confidence

llegó un día en que Núñez buscó afirmarse
a day came Nunez sought to assert himself
Pero rápidamente se dio cuenta de su subestimación.
but he quickly realized his underestimation
y aprendió cuán seguros podían ser sus movimientos
and he learned how confident their movements could be

Se rebeló sólo después de haber intentado la persuasión
he rebelled only after he had tried persuasion
En varias ocasiones había tratado de decirles de la vista
on several occasions he had tried to tell them of sight
"Miren aquí, gente", dijo.
"Look you here, you people," he said
"Hay cosas que ustedes no entienden en mí"
"There are things you people do not understand in me"
Una o dos veces uno o dos de ellos lo escucharon
Once or twice one or two of them listened to him
Se sentaron con la cara abatida
they sat with their faces downcast
Sus orejas se volvieron inteligentemente hacia él
their ears were turned intelligently towards him
E hizo todo lo posible para decirles lo que era ver
and he did his best to tell them what it was to see
Entre sus oyentes había una chica
Among his hearers was a girl
Sus párpados estaban menos rojos y hundidos
her eyelids were less red and sunken
Uno casi podría imaginar que estaba escondiendo los ojos.
one could almost imagine she was hiding eyes
Especialmente esperaba persuadirla
he especially hoped to persuade her
Habló de las bellezas de la vista
He spoke of the beauties of sight
Habló de observar las montañas
he spoke of watching the mountains
Les habló del cielo y del amanecer
he told them of the sky and the sunrise
y lo oyeron con divertida incredulidad.

and they heard him with amused incredulity
Pero eso finalmente se convirtió en condenatorio.
but that eventually became condemnatory
Le dijeron que no había montañas en absoluto.
They told him there were no mountains at all
Le dijeron que solo las llamas iban a las rocas
they told him only the llamas go to the rocks
Pastan su hierba allí en el borde
they graze their grass there at the edge
Y ese es el fin del mundo
and that is the end of the world
Desde allí el techo se eleva sobre el universo
from there the roof rises over the universe
Sólo el rocío y las avalanchas cayeron de allí
only the dew and the avalanches fell from there
Sostuvo firmemente que el mundo no tenía fin ni techo
he maintained stoutly the world had neither end nor roof
Todo lo que pensaban sobre el mundo estaba mal, les dijo.
everything they thought about the world was wrong, he told them
pero dijeron que sus pensamientos eran malvados
but they said his thoughts were wicked
Sus descripciones del cielo, las nubes y las estrellas eran horribles para ellos.
his descriptions of sky and clouds and stars were hideous to them
un terrible vacío en el lugar del techo liso del mundo
a terrible blankness in the place of the smooth roof of the world
Fue un artículo de fe con ellos
it was an article of faith with them

Creían que el techo de la caverna era exquisitamente suave al tacto
they believed the cavern roof was exquisitely smooth to the touch
Vio que de alguna manera los sorprendió.
he saw that in some manner he shocked them
Y renunció a ese aspecto del asunto por completo.
and he gave up that aspect of the matter altogether
En cambio, trató de mostrarles el valor práctico de la vista.
instead, he tried to show them the practical value of sight

Una mañana vio a Pedro en el camino Diecisiete
One morning he saw Pedro on path Seventeen
Venía hacia las casas centrales
he was coming towards the central houses
pero todavía estaba demasiado lejos para escuchar u oler
but he was still too far away for hearing or scent
"Dentro de poco", profetizó, "Pedro estará aquí".
"In a little while," he prophesied, "Pedro will be here"
Un anciano comentó que Pedro no tenía nada que hacer en el camino Diecisiete
An old man remarked that Pedro had no business on path Seventeen
y luego, como en confirmación, Pedro cambió de camino
and then, as if in confirmation, Pedro changed paths
Con pasos ágiles se dirigió hacia la pared exterior
with nimble paces he went towards the outer wall
Se burlaron de Núñez cuando Pedro no llegó
They mocked Nunez when Pedro did not arrive

trató de aclarar su carácter preguntándole a Pedro
he tried to clear his character by asking Pedro
pero Pedro negó las acusaciones
but Pedro denied the allegations
y después fue hostil a él
and afterwards he was hostile to him

Luego los convenció de que lo dejaran ir.
Then he convinced them to let him go
"Déjame subir por los prados inclinados hasta la pared"
"let me go up the sloping meadows to the wall"
"Déjame llevar conmigo a un individuo dispuesto"
"let me take with me one willing individual"
"Describiré todo lo que está sucediendo entre las casas"
"I will describe all that is happening among the houses"
Tomó nota de ciertas idas y venidas.
He noted certain goings and comings
Pero estas cosas no eran importantes para estas personas.
but these things were not important to these people
Se preocuparon por lo que sucedía dentro de las casas sin ventanas.
they cared for what happened inside the windowless houses
de esas cosas que no podía ver, ni decir
of those things he could neither see, nor tell
Su intento había fracasado de nuevo
his attempt had failed again
No podían reprimir su ridículo
they could not repress their ridicule
y finalmente Núñez recurrió a la fuerza
and finally Nunez resorted to force

Pensó en agarrar una pala
He thought of seizing a spade
Él podría herir a uno o dos de ellos a la tierra
he could smite one or two of them to earth
En un combate justo podía mostrar la ventaja de los ojos
in fair combat he could show the advantage of eyes
Fue tan lejos con esa resolución como para apoderarse de su pala.
He went so far with that resolution as to seize his spade
Pero luego descubrió algo nuevo sobre sí mismo
but then he discovered a new thing about himself
Era imposible para él golpear a un ciego a sangre fría
it was impossible for him to hit a blind man in cold blood
Sosteniendo la pala, dudó por un momento
holding the spade, he hesitated for a moment
Todos ellos se habían dado cuenta de que había arrebatado la pala.
all of them had become aware that he had snatched up the spade
Se mantuvieron alerta, con la cabeza a un lado.
They stood alert, with their heads on one side
Cautelosamente inclinaron sus orejas hacia él
they cautiously bent their ears towards him
y esperaron lo que haría a continuación
and they waited for what he would do next
"Deja esa pala", dijo uno
"Put that spade down," said one
Y sintió una especie de horror impotente
and he felt a sort of helpless horror
Él no podía llegar a su obediencia
he could not come to their obedience

Empujó uno hacia atrás contra la pared de una casa
he thrust one backwards against a house wall
y huyó junto a él, y fuera de la aldea
and he fled past him, and out of the village
Pasó por uno de sus prados
he went over one of their meadows
Pero, por supuesto, pisoteó la hierba detrás de él.
but of course he trampled grass behind him
Se sentó al lado de uno de sus caminos.
he sat down by the side of one of their ways
Sintió algo de la flotabilidad en él.
he felt something of the buoyancy in him
Todos los hombres lo sienten al comienzo de una pelea
all men feel it in the beginning of a fight
Pero sintió más perplejidad que otra cosa.
but he felt more perplexity than anything
Comenzó a darse cuenta de algo más sobre sí mismo.
he began to realise something else about himself
No puedes luchar felizmente con criaturas de una base mental diferente
you cannot fight happily with creatures of a different mental basis
A lo lejos vio a varios hombres que llevaban palos y palos.
Far away he saw a number of men carrying spades and sticks
Estaban saliendo de las calles y casas
they were coming out of the streets and houses
Juntos hicieron una línea a través de los caminos
together they made a line across the paths
y la línea venía hacia él
and they line was coming towards him
Avanzaron lentamente, hablando con frecuencia entre

sí.
They advanced slowly, speaking frequently to one another
Una y otra vez se detuvieron y olfatearon el aire
again and again they stopped and sniff the air
La primera vez que hicieron esto Núñez se rió
The first time they did this Nunez laughed
Pero después no se rió
But afterwards he did not laugh
Uno encontró su rastro en la hierba del prado
One found his trail in the meadow grass
Vino agachándose y sintiendo su camino a lo largo de él.
he came stooping and feeling his way along it
Durante cinco minutos observó la lenta extensión de la línea.
For five minutes he watched the slow extension of the line
Su vaga disposición a hacer algo de inmediato se volvió frenética.
his vague disposition to do something forthwith became frantic
Se puso de pie y caminó hacia la pared.
He stood up and paced towards the wall
Se dio la vuelta y retrocedió un poco
he turned, and went back a little way
Todos estaban parados en una media luna, quietos y escuchando.
they all stood in a crescent, still and listening
También se quedó quieto, agarrando su pala.
He also stood still, gripping his spade
¿Debería atacarlos?
Should he attack them?

El pulso en sus oídos entró en un ritmo:
The pulse in his ears ran into a rhythm:
"En el país de los ciegos, el tuerto es el rey"
"In the Country of the Blind the One-Eyed Man is King"
"En el país de los ciegos, el tuerto es el rey"
"In the Country of the Blind the One-Eyed Man is King"
"En el país de los ciegos, el tuerto es el rey"
"In the Country of the Blind the One-Eyed Man is King"
Volvió a mirar la pared alta e imposible de escalar.
He looked back at the high and unclimbable wall
y miró a la línea de buscadores que se acercaba.
and he looked at the approaching line of seekers
Otros ahora también salían de la calle de las casas.
others were now coming out of the street of houses too
"¡Bogotá!", gritó uno, "¿Dónde estás?"
"Bogota!" called one, "Where are you?"
Agarró su pala aún más fuerte
He gripped his spade even tighter
y bajó por el prado hacia el lugar de las moradas
and he went down the meadow towards the place of habitations
Donde se movía, convergían sobre él.
where he moved they converged upon him
"Los golpearé si me tocan", juró.
"I'll hit them if they touch me," he swore
"por el cielo, lo haré. Los golpearé"
"by Heaven, I will. I'll hit them"
Llamó en voz alta: "Miren aquí ustedes".
He called aloud, "Look here you people"
"¡Voy a hacer lo que me gusta en este valle!"
"I'm going to do what I like in this valley!"
"¿Escuchas? Voy a hacer lo que me gusta"
"Do you hear? I'm going to do what I like"

"e iré a donde quiera"
"and I will go where I like"
Se estaban moviendo hacia él rápidamente.
They were moving in upon him quickly
Estaban a tientas en todo, pero moviéndose rápidamente
they were groping at everything, yet moving rapidly
Era como jugar al farol del ciego
It was like playing blind man's bluff
pero todos tenían los ojos vendados excepto uno
but everyone was blindfolded except one
"¡Agárrenlo!", gritó uno
"Get hold of him!" cried one
Se dio cuenta de que un grupo de hombres lo había rodeado.
He realized a group of men had surrounded him
De repente sintió que debía estar activo y resuelto.
suddenly he felt he must be active and resolute
"Ustedes no entienden", gritó.
"You people don't understand," he cried
Su voz estaba destinada a ser grande y resuelta.
his voice was meant to be great and resolute
pero su voz se quebró y no tenía poder
but his voice broke and carried no power
"Todos ustedes son ciegos y puedo ver"
"You are all blind and I can see"
"¡Déjame en paz!", trató de ordenar.
"Leave me alone!" he tried to command
"¡Bogotá! ¡Deja esa pala y sal de la hierba!"
"Bogota! Put down that spade and come off the grass!"
La orden era grotesca en su familiaridad.
the order was grotesque in its familiarity
y produjo una ráfaga de ira en él

and it produced a gust of anger in him
"Te haré daño", dijo, sollozando de emoción.
"I'll hurt you," he said, sobbing with emotion
"¡Por el cielo, te lastimaré! ¡Déjame en paz!"
"By Heaven, I'll hurt you! Leave me alone!"
Comenzó a correr sin saber dónde correr
He began to run without knowing where to run
Se escapó del ciego más cercano
He ran away from the nearest blind man
porque fue un horror golpearlo
because it was a horror to hit him
Hizo una carrera para escapar de sus filas de cierre.
He made a dash to escape from their closing ranks
En un lugar, la brecha era un poco más amplia
in one place the gap was a little wider
Los hombres a los lados percibieron rápidamente lo que estaba sucediendo.
the men on the sides quickly perceived what was happening
Rápidamente se apresuraron a cerrar la brecha.
they quickly rushed in to close the gap
Saltó hacia adelante y vio que lo atraparían.
He sprang forward, and saw he would be caught
y whoosh! La pala había golpeado
and whoosh! the spade had struck
Sintió el suave golpe sordo de la mano y el brazo
He felt the soft thud of hand and arm
y el hombre estaba abajo con un grito de dolor
and the man was down with a yell of pain
y él estaba a través de la brecha
and he was through the gap
Estaba cerca de la calle de las casas de nuevo
he was close to the street of houses again

Los ciegos giraban sus palas y estacas
the blind men were whirling their spades and stakes
y corrían con una nueva rapidez
and they were running with a new swiftness
Escuchó pasos detrás de él justo a tiempo
He heard steps behind him just in time
Un hombre alto corría hacia él
a tall man was rushing towards him
Estaba deslizando su pala al sonido de él
he was swiping his spade at the sound of him
Núñez perdió los nervios esta vez
Nunez lost his nerve this time
No podía golpear a otro ciego
he could not hit another blind man
Lanzó su pala junto a su antagonista
he hurled his spade next to his antagonist
El hombre alto giró desde donde escuchó el ruido
the tall man whirled about from where he heard the noise
y Núñez huyó, gritando mientras esquivaba a otro
and Nunez fled, yelling as he dodged another
Estaba aterrorizado por este punto.
He was panic-stricken by this point
Casi a ciegas, corrió furiosamente de un lado a otro.
almost blindly, he ran furiously to and fro
Esquivó cuando no había necesidad de esquivar
he dodged when there was no need to dodge
En su ansiedad trató de ver cada lado de él a la vez.
in his anxiety he tried to see every side of him at once
Por un momento se había caído
for a moment he had fallen down
Por supuesto que los seguidores escucharon su caída
of course the followers heard his fall

Vislumbró algo en la pared circunferencial
he caught a glimpse of something in the circumferential wall
Un pequeño espacio entre la pared
a little gap between the wall
partió en una carrera salvaje hacia él.
he set off in a wild rush for it
Había tropezado con el puente
he had stumbled across the bridge
y trepó un poco por las rocas
and he clambered a little along the rocks
Una joven llama sorprendida saltó fuera de la vista
a surprised young llama went leaping out of sight
y luego se acostó, sollozando por respirar.
and then he lay down, sobbing for breath
Y así su golpe de Estado llegó a su fin
And so his coup d'etat came to an end

Se quedó fuera de la muralla del valle de los ciegos
He stayed outside the wall of the valley of the blind
Durante dos noches y días estuvo sin comida ni refugio.
for two nights and days he was without food or shelter
y meditó sobre lo inesperado
and he meditated upon the unexpected
Durante estas meditaciones repetía su lema con frecuencia.
During these meditations he repeated his motto frequently
"En el país de los ciegos, el tuerto es el rey"
"In the Country of the Blind the One-Eyed Man is King"
Pensó principalmente en formas de conquistar a estas personas.

He thought chiefly of ways of conquering these people
y quedó claro que no era posible ningún camino practicable
and it grew clear that no practicable way was possible
No había traído armas con él
He had brought no weapons with him
y ahora sería difícil conseguir cualquier
and now it would be hard to get any
Su manera civilizada no lo había abandonado
his civilized manner had not left him
No había manera de que pudiera asesinar a un ciego
there was no way he could assassinate a blind man
Por supuesto, si lo hacía, podría dictar los términos.
Of course, if he did that, he could dictate the terms
Podría amenazarlos con más asesinatos.
he could threaten them with further assassinations
Pero, ¡tarde o temprano debe dormir!
But, sooner or later he must sleep!
Trató de encontrar comida entre los pinos
He tried to find food among the pine trees
Por la noche la escarcha cayó sobre el valle
at night the frost fell over the valley
Para estar cómodo dormía bajo ramas de pino
to be comfortable he slept under pine boughs
Pensó en atrapar una llama, si podía
he thought about catching a llama, if he could
Tal vez podría martillarlo con una piedra
perhaps he could hammer it with a stone
y luego podría comer un poco de ella
and then he could eat some of it
Pero las llamas tenían dudas de él
But the llamas had doubt of him
Lo miraban con ojos marrones desconfiados.

they regarded him with distrustful brown eyes
y le escupieron cuando se acercó
and they spat at him when he came near
El miedo se apoderó de él el segundo día
Fear came on him the second day
Fue tomado por ataques de temblores
he was taken by fits of shivering
Finalmente se arrastró por la pared.
Finally he crawled back down the wall
y regresó al País de los Ciegos
and he went back into the Country of the Blind
Gritó hasta que dos ciegos salieron a la puerta.
he shouted until two blind men came out to the gate
y habló con él, negociando sus términos
and he talked to him, negotiating his terms
"Me había vuelto loco", dijo.
"I had gone mad," he said
"Pero yo solo estaba recién hecho"
"But I was only newly made"
Dijeron que era mejor
They said that was better
Les dijo que ahora era más sabio.
He told them he was wiser now
y se arrepintió de todo lo que había hecho
and he repented of all he had done
Luego lloró sin reservas.
Then he wept without reserve
porque ahora estaba muy débil y enfermo
because he was very weak and ill now
Lo tomaron como una señal favorable.
they took that as a favourable sign
Le preguntaron si todavía pensaba que podía ver
They asked him if he still thought he could see

"No", dijo, "eso fue una locura".
"No," he said, "That was folly"
"¡La palabra no significa nada, menos que nada!"
"The word means nothing, less than nothing!"
Le preguntaron qué había por encima
They asked him what was overhead
"Unas diez veces la altura de un hombre"
"About ten times ten the height of a man"
"Hay un techo sobre el mundo del rock"
"there is a roof above the world of rock"
"Es muy, muy suave"
"it is very, very smooth"
"Tan suave, tan bellamente suave"
"So smooth, so beautifully smooth"
Estalló de nuevo en lágrimas histéricas
He burst again into hysterical tears
"Antes de que me preguntes más, dame algo de comida"
"Before you ask me any more, give me some food"
"¡o de lo contrario moriré!"
"or else I shall die!"
Esperaba castigos terribles
He expected dire punishments
Pero estas personas ciegas eran capaces de tolerar.
but these blind people were capable of toleration
Su rebelión fue solo una prueba más de su idiotez.
his rebellion was just more proof of his idiocy
Apenas necesitaban más pruebas de su inferioridad.
they hardly needed more evidence for his inferiority
Como castigo fue azotado algunos
as a punishment he was whipped some
y lo nombraron para hacer el trabajo más pesado
and they appointed him to do the heaviest work

Núñez no veía otra forma de sobrevivir
Nunez could see no other way of surviving
Así que sumisamente hizo lo que le dijeron.
so he submissively did what he was told
Estuvo enfermo durante algunos días
he was ill for some days
y lo cuidaron amablemente
and they nursed him kindly
que refinó su sumisión
that refined his submission
pero insistieron en que yacía en la oscuridad.
but they insisted on him lying in the dark
Eso fue una gran miseria para él.
that was a great misery to him
Filósofos ciegos vinieron y hablaron con él
blind philosophers came and talked to him
Hablaron de la malvada ligereza de su mente
they spoke of the wicked levity of his mind
y volvieron a contar la historia de la creación
and they retold the story of creation
Explicaron más a fondo cómo estaba estructurado el mundo
they explained further how the world was structured
y pronto Núñez tuvo dudas sobre lo que creía saber.
and soon Nunez had doubts about what he thought he knew
Tal vez realmente fue víctima de una alucinación.
perhaps he really was the victim of hallucination

y así Núñez se convirtió en ciudadano del País de los Ciegos
and so Nunez became a citizen of the Country of the Blind

y estas personas dejaron de ser un pueblo generalizado
and these people ceased to be a generalised people
se convirtieron en individualidades para él
they became individualities to him
y se hicieron familiares para él
and they grew familiar to him
El mundo más allá de las montañas se desvaneció lentamente
the world beyond the mountains slowly faded
Cada vez más se volvió remoto e irreal
more and more it became remote and unreal
Estaba Yacob, su maestro
There was Yacob, his master
Era un hombre amable cuando no estaba molesto
he was a kindly man when not annoyed
estaba Pedro, sobrino de Yacob
there was Pedro, Yacob's nephew
y allí estaba Medina-sarote
and there was Medina-sarote
era la hija menor de Yacob
she was the youngest daughter of Yacob
Era poco estimada en el mundo de los ciegos.
she was little esteemed in the world of the blind
porque tenía una cara clara
because she had a clear-cut face
y carecía de cualquier suavidad brillante satisfactoria
and she lacked any satisfying glossy smoothness
Estos son los ideales de belleza femenina del ciego
these are the blind man's ideal of feminine beauty
pero Núñez pensó que era hermosa a primera vista
but Nunez thought her beautiful at first sight
y ahora ella era la cosa más hermosa de todo el mundo
and now she was the most beautiful thing in all the

world
Sus rasgos no eran comunes en el valle
her features were not common in the valley
Sus párpados cerrados no estaban hundidos y rojos
her closed eyelids were not sunken and red
pero yacían como si pudieran abrirse de nuevo en cualquier momento.
but they lay as though they might open again at any moment
Tenía pestañas largas, que se consideraban una grave desfiguración.
she had long eyelashes, which were considered a grave disfigurement
y su voz era débil en comparación con los demás
and her voice was weak compared to the others
por lo que no satisfizo la aguda audición de los jóvenes.
so it did not satisfy the acute hearing of the young men
Y así ella no tenía amante.
And so she had no lover
Núñez pensó mucho en Medina-sarote
Nunez thought a lot about Medina-sarote
Pensó que tal vez podría ganarla.
he thought perhaps he could win her
y luego se resignaría a vivir en el valle
and then he would be resigned to live in the valley
Podría ser feliz por el resto de sus días
he could be happy for the rest of his days
La observaba siempre que podía
he watched her whenever he could
y encontró oportunidades de hacer sus pequeños servicios
and he found opportunities of doing her little services

También descubrió que ella lo observaba.
he also found that she observed him
Una vez, en una reunión de día de descanso, lo notó.
Once at a rest-day gathering he noticed it
Se sentaron uno al lado del otro a la tenue luz de las estrellas
they sat side by side in the dim starlight
La música era dulce y su mano vino sobre la de ella
the music was sweet and his hand came upon hers
y se atrevió a estrecharle la mano
and he dared to clasp her hand
Entonces, muy tiernamente, ella le devolvió la presión.
Then, very tenderly, she returned his pressure
Y un día estaban en su comida en la oscuridad
And one day they were at their meal in the darkness
Sintió su mano muy suavemente buscándolo
he felt her hand very softly seeking him
Por casualidad, el fuego saltó justo en ese momento.
as it chanced, the fire leapt just at that moment
y vio la ternura en ella
and he saw the tenderness in her
Buscó hablar con ella
He sought to speak to her
Él fue a verla un día cuando ella estaba sentada
He went to her one day when she was sitting
Ella estaba a la luz de la luna de verano, tejiendo
she was in the summer moonlight, weaving
La luz la convirtió en una cosa de plata y misterio.
The light made her a thing of silver and mystery
Se sentó a sus pies
He sat down at her feet
y él le dijo que la amaba
and he told her he loved her

y él le dijo lo hermosa que le parecía
and he told her how beautiful she seemed to him
Tenía la voz de un amante
He had a lover's voice
Habló con una tierna reverencia que se acercó al asombro.
he spoke with a tender reverence that came near to awe
Nunca antes había sido tocada por la adoración.
she had never before been touched by adoration
Ella no le dio una respuesta definitiva
She made him no definite answer
pero estaba claro que sus palabras la complacían
but it was clear his words pleased her
Después de eso, habló con ella siempre que pudo.
After that he talked to her whenever he could
El valle se convirtió en el mundo para él
the valley became the world for him
El mundo más allá de las montañas no parecía más que un cuento de hadas
the world beyond the mountains seemed no more than a fairy tale
Tal vez algún día podría contarle estas historias.
perhaps one day he could tell her of these stories
Muy tentativa y tímidamente, le habló de vista.
Very tentatively and timidly, he spoke to her of sight
La vista le parecía la más poética de las fantasías
sight seemed to her the most poetical of fancies
Ella escuchó atentamente su descripción
she attentively listened to his description
Le habló de las estrellas y las montañas
he told her of the stars and the mountains
y elogió su dulce belleza iluminada en blanco
and he praised her sweet white-lit beauty

Ella no creyó lo que él estaba diciendo.
She did not believe what he was saying
y ella solo podía entender a medias lo que quería decir
and she could only half understand what he meant
pero ella estaba misteriosamente encantada
but she was mysteriously delighted
y le pareció que ella entendía completamente
and it seemed to him that she completely understood

Su amor perdió su asombro y tomó coraje
His love lost its awe and took courage
Quería pedirles a los ancianos su mano en matrimonio.
He wanted to ask the elders for her hand in marriage
pero ella se volvió temerosa y se retrasó
but she became fearful and delayed
fue una de sus hermanas mayores quien primero le dijo a Yacob
it was one of her elder sisters who first told Yacob
ella le dijo que Medina-sarote y Núñez estaban enamorados.
she told him that Medina-sarote and Nunez were in love
Hubo una gran oposición al matrimonio
There was very great opposition to the marriage
La objeción no fue porque la valoraran
the objection wasn't because they valued her
Pero se opusieron porque pensaban que él era diferente.
but they objected because they thought of him as different
Todavía era una cosa idiota e incompetente para ellos.
he was still an idiot and incompetent thing for them
Lo clasificaron por debajo del nivel permisible de un hombre.

they classed him below the permissible level of a man
Sus hermanas se opusieron amargamente al matrimonio.
Her sisters opposed the marriage bitterly
Temían que trajera descrédito a todos ellos.
they feared it would bring discredit on them all
El viejo Yacob se había formado una especie de gusto por Núñez
old Yacob had formed a sort of liking for Nunez
Era su siervo agradable, pero torpe y obediente.
he was his nice, but clumsy and obedient serf
Pero negó con la cabeza ante la propuesta.
but he shook his head at the proposal
y dijo que la cosa no podía ser
and he said the thing could not be
Todos los jóvenes estaban enojados
The young men were all angry
No les gustaba la idea de corromper la raza
they did not like the idea of corrupting the race
y uno llegó a golpear a Núñez
and one went so far as to strike Nunez
pero Núñez le devolvió el golpe al hombre
but Nunez struck back at the man
Entonces, por primera vez, encontró una ventaja en ver
Then, for the first time, he found an advantage in seeing
Incluso en el crepúsculo podía luchar mejor que el ciego
even by twilight he could fight better than the blind man
Después de que terminó esa pelea, se estableció un nuevo orden.
after that fight was over a new order had been established
Nadie pensó en levantar una mano contra él de nuevo.

no one ever thought of raising a hand against him again
pero aún así encontraron imposible su matrimonio.
but they still found his marriage impossible
El viejo Yacob tenía ternura por su última hijita
Old Yacob had a tenderness for his last little daughter
Se entristeció de que ella llorara sobre su hombro.
he was grieved to have her weep upon his shoulder
"Verás, querida, es un idiota"
"You see, my dear, he's an idiot"
"Tiene delirios sobre el mundo"
"He has delusions about the world"
"No hay nada que pueda hacer bien"
"there isn't anything he can do right"
"Lo sé", lloró Medina-sarote
"I know," wept Medina-sarote
"Pero es mejor de lo que era"
"But he's better than he was"
"A pesar de todos sus intentos, está mejorando"
"for all his trying he's getting better"
"Y él es fuerte y amable conmigo"
"And he is strong and kind to me"
"Más fuerte y amable que cualquier otro hombre en el mundo"
"stronger and kinder than any other man in the world"
"Y él me ama. Y, padre, lo amo"
"And he loves me. And, father, I love him"
El viejo Yacob estaba muy angustiado al encontrarla inconsolable.
Old Yacob was greatly distressed to find her inconsolable
lo que lo hizo más angustiante es que le gustaba Núñez por muchas cosas.
what made it more distressing is he liked Nunez for

many things
Así que fue y se sentó en la cámara del consejo sin ventanas.
So he went and sat in the windowless council-chamber
Observó a los otros ancianos y la tendencia de la charla.
he watched the other elders and the trend of the talk
En el momento adecuado levantó la voz
at the proper time he raised his voice
"Es mejor de lo que era cuando vino a nosotros"
"He's better than he was when he came to us"
"Muy probablemente, algún día, lo encontraremos tan cuerdo como nosotros"
"Very likely, some day, we shall find him as sane as ourselves"
Uno de los ancianos pensó profundamente en el problema
one of the elders thought deeply about the problem
Fue un gran médico entre estas personas.
He was a great doctor among these people
Tenía una mente muy filosófica e inventiva.
he had a very philosophical and inventive mind
la idea de curar a Núñez de sus peculiaridades le atraía
the idea of curing Nunez of his peculiarities appealed to him
otro día Yacob estuvo presente en otra reunión
another day Yacob was present at another meeting
el gran doctor volvió al tema de Núñez
the great doctor returned to the topic of Nunez
"He examinado a Núñez", dijo.
"I have examined Nunez," he said
"Y el caso es más claro para mí"
"and the case is clearer to me"

"Creo que muy probablemente podría curarse"
"I think very probably he might be cured"
"Esto es lo que siempre he esperado", dijo el viejo Yacob.
"This is what I have always hoped," said old Yacob
"Su cerebro está afectado", dijo el médico ciego.
"His brain is affected," said the blind doctor
Los ancianos murmuraron de acuerdo
The elders murmured in agreement
"Ahora, ¿qué lo afecta?", preguntó el médico.
"Now, what affects it?" asked the doctor
"Esto", dijo el médico, respondiendo a su propia pregunta.
"This," said the doctor, answering his own question
"Esas cosas extrañas que se llaman ojos"
"Those queer things that are called the eyes"
"Existen para hacer una hendidura agradable en la cara"
"they exist to make an agreeable indentation in the face"
"Los ojos están enfermos, en el caso de Núñez"
"the eyes are diseased, in the case of Nunez"
"de tal manera que afecte a su cerebro"
"in such a way that it affects his brain"
"Sus ojos sobresalen de su cara"
"his eyes bulge out of his face"
"Tiene pestañas y sus párpados se mueven"
"he has eyelashes, and his eyelids move"
"En consecuencia, su cerebro está en un estado de irritación constante"
"consequently, his brain is in a state of constant irritation"
"Y así, todo es una distracción para él"
"and so, everything is a distraction to him"

Yacob escuchó atentamente lo que el médico estaba diciendo.
Yacob listened intently at what the doctor was saying
"Creo que puedo decir con razonable certeza que hay una cura"
"I think I may say with reasonable certainty that there is a cure"
"Todo lo que necesitamos hacer es una operación quirúrgica simple y fácil"
"all we need to do is a simple and easy surgical operation"
"Todo lo que esto implica es eliminar los ojos irritantes"
"all this involves is removing the irritant eyes"
"¿Y entonces estará cuerdo?"
"And then he will be sane?"
"Entonces estará perfectamente cuerdo"
"Then he will be perfectly sane"
"Y será un ciudadano bastante admirable"
"and he'll be a quite admirable citizen"
"¡Gracias al cielo por la ciencia!", dijo el viejo Yacob.
"Thank Heaven for science!" said old Yacob
y salió de inmediato para contarle a Núñez las buenas nuevas.
and he went forth at once to tell Nunez of the good news
Pero Núñez no estaba tan entusiasmado con la idea.
But Nunez wasn't quite as enthusiastic about the idea
Recibió la noticia con frialdad y decepción
he received the news with coldness and disappointment
"El tono de tu voz no inspira confianza"
"the tone of your voice does not inspire confidence"
"Uno podría pensar que no te preocupas por mi hija"
"one might think you do not care for my daughter"

Fue Medina quien persuadió a Núñez para que se enfrentara a los cirujanos ciegos.
It was Medina who persuaded Nunez to face the blind surgeons
"¿No quieres que yo", dijo, "pierda mi don de vista?"
"You do not want me," he said, "to lose my gift of sight?"
Ella negó con la cabeza
She shook her head
"Mi mundo es la vista"
"My world is sight"
Su cabeza cayó más abajo
Her head drooped lower
"Ahí están las cosas bellas"
"There are the beautiful things"
"El mundo está lleno de pequeñas cosas hermosas"
"the world is full of beautiful little things"
"Las flores y los líquenes en medio de las rocas"
"the flowers and the lichens amidst the rocks"
"La luz y la suavidad en un pedazo de piel"
"the light and softness on a piece of fur"
"El cielo lejano con su amanecer de nubes a la deriva"
"the far sky with its drifting dawn of clouds"
"Los atardeceres y las estrellas"
"the sunsets and the stars"
"Y ahí estás tú"
"And there is you"
"Sólo para ti es bueno tener vista"
"For you alone it is good to have sight"
"Ver tu rostro dulce y sereno es bueno"
"to see your sweet, serene face sight is good"
"para ver tus labios amables"
"to see your kindly lips"
"Tus queridas y hermosas manos juntas"

"your dear, beautiful hands folded together"
"Son estos ojos míos los que ganaste"
"it is these eyes of mine you won"
"Son estos ojos los que me sostienen hacia ti"
"it is these eyes that hold me to you"
"Pero son estos ojos los que buscan esos idiotas"
"but it is these eyes that those idiots seek"
"En cambio, debo tocarte"
"Instead, I must touch you"
"Te escucharía, pero nunca te volvería a ver"
"I would hear you, but never see you again"
"¿Debo estar bajo ese techo de roca, piedra y oscuridad?"
"must I come under that roof of rock and stone and darkness?"
"Ese horrible techo bajo el cual se inclina tu imaginación"
"that horrible roof under which your imaginations stoop"
"No; ¿No quieres que haga eso?"
"no; you would not have me do that?"
Una desagradable duda había surgido en él
A disagreeable doubt had arisen in him
Se detuvo y dejó la cosa en cuestión
He stopped and left the thing in question
Ella dijo: "Ojalá a veces no hablaras así".
she said, "I wish sometimes you would not talk like that"
"¿Hablar como qué?", preguntó Núñez.
"talk like what?" asked Nunez
"Sé que tu vista es bonita"
"I know your sight is pretty"
"Es tu imaginación"
"It is your imagination"

"Me encanta, pero ahora ..."
"I love it, but now..."
Sintió frío por la gravedad de sus palabras.
He felt cold at the gravity of her words
"¿Ahora?", Dijo, débilmente.
"Now?" he said, faintly
Se quedó quieta sin decir nada.
She sat quite still without saying anything
"¿Crees que estaría mejor sin mis ojos?"
"you think, I would be better without my eyes?"
Se estaba dando cuenta de las cosas muy rápidamente.
He was realising things very swiftly
Sintió ira por el aburrido curso del destino.
He felt anger at the dull course of fate
Pero también sintió simpatía por su falta de comprensión.
but he also felt sympathy for her lack of understanding
Pero su simpatía por ella era similar a la lástima.
but his sympathy for her was akin to pity
"**Querido**", **le dijo a su amor.**
"Dear," he said to his love
Su espíritu presionaba contra las cosas que no podía decir
her spirit pressed against the things she could not say
Puso sus brazos alrededor de ella y le besó la oreja.
He put his arms about her and he kissed her ear
y se sentaron un rato en silencio
and they sat for a time in silence
"¿Si tuviera que consentir esto?", **dijo por fin.**
"If I were to consent to this?" he said at last
en una voz que era muy suave
in a voice that was very gentle
Ella arrojó sus brazos alrededor de él, llorando

- 77 -

salvajemente.
She flung her arms about him, weeping wildly
"Oh, si hicieras eso", sollozó.
"Oh, if you would do that," she sobbed
"¡Si tan solo hicieras esa cosa!"
"if only you would do that one thing!"

Núñez no sabía nada del sueño en la semana anterior a la operación.
Nunez knew nothing of sleep in the week before the operation
la operación que iba a levantarlo de su servidumbre e inferioridad
the operation that was to raise him from his servitude and inferiority
La operación que iba a elevarlo al nivel de un ciudadano ciego
the operation that was to raise him to the level of a blind citizen
Mientras los demás dormían felices, él se sentó meditando
while the others slumbered happily, he sat brooding
A lo largo de las horas cálidas e iluminadas por el sol vagó sin rumbo.
all through the warm, sunlit hours he wandered aimlessly
y trató de llevar su mente a su dilema
and he tried to bring his mind to bear on his dilemma
Había dado su respuesta y su consentimiento
He had given his answer and his consent
y todavía no estaba seguro de si era correcto
and still he was not sure if it was right
El sol salió en esplendor sobre las crestas doradas

the sun rose in splendour over the golden crests
Su último día de visión había comenzado para él.
his last day of vision had began for him
Tuvo unos minutos con Medina-sarote antes de que ella se fuera a dormir.
He had a few minutes with Medina-sarote before she went to sleep
"Mañana", dijo, "no veré más".
"Tomorrow," he said, "I shall see no more"
"¡Querido corazón!", respondió ella.
"Dear heart!" she answered
y ella apretó sus manos con todas sus fuerzas.
and she pressed his hands with all her strength
"Te harán daño, pero poco"
"They will hurt you, but little"
"Vas a superar este dolor"
"you are going to get through this pain"
"Estás pasando por eso, querido amante, por mí"
"you are going through it, dear lover, for me"
"Si el corazón y la vida de una mujer pueden hacerlo, te lo pagaré"
"if a woman's heart and life can do it, I will repay you"
"Mi querida", dijo con voz tierna, "pagaré".
"My dearest one," she said in a tender voice, "I will repay"
Estaba empapado de lástima por sí mismo y por ella.
He was drenched in pity for himself and her
La sostuvo en sus brazos y presionó sus labios contra los de ella.
He held her in his arms and pressed his lips to hers
y él admiró su dulce rostro por última vez
and he admired her sweet face for the last time
"¡Adiós!", susurró a la querida vista de ella.

"Good-bye!" he whispered to the dear sight of her
Y luego, en silencio, se alejó de ella.
And then in silence he turned away from her
Podía escuchar sus lentos pasos en retirada.
She could hear his slow retreating footsteps
Algo en el ritmo de sus pasos la lanzó a una pasión de llanto.
something in the rhythm of his footsteps threw her into a passion of weeping

Él tenía la intención de ir a un lugar solitario
He had fully meant to go to a lonely place
a los prados con el hermoso narciso blanco
to the meadows with the beautiful white narcissus
Allí quiso permanecer hasta la hora de su sacrificio.
there he wanted remain until the hour of his sacrifice
Pero mientras caminaba, levantó los ojos
but as he walked he lifted up his eyes
y vio la mañana con la vista
and he saw the morning with his sight
Era como un ángel brillando con armadura dorada
it was like an angel shining in golden armour
realmente amaba a Medina-sarote
he truly did love Medina-sarote
Estaba dispuesto a renunciar a su vista por ella.
he was prepared to give up his sight for her
Iba a vivir el resto de su vida en el valle
he was going to live the rest of his life in the valley
El ángel marchó por las empinadas de los prados
the angel marched down the steeps of the meadows
y bañaba todo en su luz dorada
and it bathed everything in its golden light
Sin previo aviso, algo en él cambió

without any notice something in him changed
El país de los ciegos no era más que un pozo de pecado
the country of the blind was no more than a pit of sin
No se apartó como había querido hacer.
He did not turn aside as he had meant to do
pero siguió adelante y atravesó el muro.
but he went on and passed through the wall
Desde allí salió sobre las rocas
from there he went out upon the rocks
Sus ojos estaban sobre el hielo y la nieve iluminados por el sol.
his eyes were upon the sunlit ice and snow
Vio su infinita belleza
he saw their infinite beauty
Su imaginación se elevó sobre los picos
his imagination soared over the peaks
Sus pensamientos fueron al mundo que no volvería a ver
his thoughts went to the world he wouldn't see again
Pensó en ese gran mundo libre
he thought of that great free world
el mundo del que estaba dispuesto a partir
the world that he was prepared to part from
el mundo que era suyo
the world that was his own
y tuvo una visión de esas pendientes adicionales
and he had a vision of those further slopes
Su mente lo llevó a través de los valles de los que había venido.
his mind took him through the valleys he had come from
Fue a lo largo del río hacia la ciudad
he went along the river into the city
en su mente podía ver Bogotá

in his mind he could see Bogota
Su imaginación lo llevó por la ciudad
his imagination carried him through the city
Un lugar de belleza multitudinaria y conmovedora
a place of multitudinous stirring beauty
Una gloria de día, un misterio luminoso de noche
a glory by day, a luminous mystery by night
Un lugar de palacios y fuentes
a place of palaces and fountains
Un lugar de estatuas y casas blancas
a place of statues and white houses
Su mente se fue con él fuera de la ciudad
his mind went with him out the city
Siguió el viaje de un río
he followed the journey of a river
El río atravesaba los pueblos y bosques
the river went through the villages and forests
Un gran vapor vino salpicando
a big steamer came splashing by
Las orillas del río se abrieron al mar
the banks of the river opened up into the sea
El mar ilimitado con sus miles de islas
the limitless sea with its thousands of islands
Podía ver las luces de las islas y los barcos
he could see the lights of the islands and the ships
La vida continuó en cada pequeña isla
life continued on each little island
y pensó en ese mundo más grande
and he thought about that greater world
Levantó la vista y vio el cielo infinito
he looked up and saw the infinite sky
No era como el cielo en el valle de los ciegos
it was not like the sky in the valley of the blind

Un pequeño disco cortado por montañas
a small disk cut off by mountains
pero, un arco de azul inconmensurablemente profundo
but, an arch of immeasurably deep blue
y en esto vio el círculo de las estrellas
and in this he saw the circling of the stars
Sus ojos comenzaron a escudriñar el círculo de montañas.
His eyes began to scrutinise the circle of mountains
Lo miró un poco más agudo que antes.
he looked at it a little keener than he had before
"Tal vez uno podría subir por ese barranco"
"perhaps one could go up that gully"
"Desde allí se podía llegar a esa cima"
"from there one could get to that peak"
"Entonces uno podría salir entre esos pinos"
"then one might come out among those pine trees"
"La pendiente más allá de los pinos podría no ser tan empinada"
"the slope past the pines might not be so steep"
"Y entonces tal vez esa pared se pueda escalar"
"and then perhaps that wallface can be climbed"
"Donde empiece la nieve habrá un río"
"where the snow starts there will be a river"
"A partir de ahí debería haber un camino"
"from there there should be a path"
"y si esa ruta falla, hacia el Este hay otras brechas"
"and if that route fails, to the East are other gaps"
"Uno solo necesitaría un poco de buena fortuna"
"one would just need a little good fortune"
Volvió a mirar al pueblo
He glanced back at the village
Pero tenía que mirarlo una vez más

but he had to look at it once more
Miró hacia el país de los ciegos
he looked down into the country of the blind
pensó en Medina-sarote, dormida en su choza
he thought of Medina-sarote, asleep in her hut
pero ella se había vuelto pequeña y remota para él.
but she had become small and remote to him
Se volvió de nuevo hacia la pared de la montaña
he turned again towards the mountain wall
el muro por el que había caído ese día
the wall down which he had come down that day
Entonces, muy circunspectamente, comenzó su ascenso.
then, very circumspectly, he began his climb
Cuando llegó el atardecer ya no estaba escalando
When sunset came he was no longer climbing
pero él estaba lejos y alto en el valle
but he was far and high up the valley
Su ropa estaba rasgada y sus extremidades manchadas de sangre.
His clothes were torn and his limbs were bloodstained
Estaba magullado en muchos lugares
he was bruised in many places
pero yacía como si estuviera a gusto.
but he lay as if he were at his ease
y había una sonrisa en su rostro
and there was a smile on his face
Desde donde descansaba, el valle parecía como si estuviera en un pozo
From where he rested the valley seemed as if it were in a pit
Ahora estaba casi una milla por debajo de él.
now it was nearly a mile below him

El pozo ya estaba oscuro con neblina y sombra
the pit was already dim with haze and shadow
Las cumbres de las montañas a su alrededor eran cosas de luz y fuego.
the mountain summits around him were things of light and fire
Las pequeñas cosas en las rocas estaban empapadas de luz y belleza.
the little things in the rocks were drenched with light and beauty
Una veta de mineral verde perforando el gris
a vein of green mineral piercing the grey
Un destello de pequeño cristal aquí y allá
a flash of small crystal here and there
Una luz naranja minuciosamente hermosa cerca de su rostro
a minutely-beautiful orange light close to his face
Había sombras profundas y misteriosas en el desfiladero
There were deep, mysterious shadows in the gorge
El azul se profundizó en púrpura y el púrpura en una oscuridad luminosa
blue deepened into purple, and purple into a luminous darkness
Sobre él estaba la inmensidad infinita del cielo.
over him was the endless vastness of the sky
Pero ya no prestó atención a estas cosas.
but he heeded these things no longer
En cambio, se quedó muy quieto allí.
instead, he laid very still there
Sonriendo, como si estuviera contento ahora
smiling, as if he were content now
contento de haber escapado del valle de los ciegos

content to have escaped from the valley of the Blind
el valle en el que había pensado ser rey
the valley in which he had thought to be King
El resplandor de la puesta de sol pasó
the glow of the sunset passed
y la noche llegó con su oscuridad
and the night came with its darkness
y yacía allí, bajo las frías y claras estrellas
and he lay there, under the cold, clear stars

Fin / The End

www.tranzlaty.com

www.ingramcontent.com/pod-product-compliance
Lightning Source LLC
Chambersburg PA
CBHW012006090526
44590CB00026B/3896